AF224095

LES DROITS

DU

PEUPLE

PAR

???

AUTEUR DE LA

LANTERNE D'UN CITOYEN

15 c.

15 c.

S'adresser à

E. MERVAUD

Passage de l'Opéra

32, Galerie du Baromètre

(Office Boubais)

Brochure

LES DROITS

DU

PEUPLE

NOTE

DU

PROPRIÉTAIRE - RESPONSABLE

Nos deuxième et troisième procès.

Mercredi, nous étions de nouveau sur la sellette !

Nous avions fait paraître deux brochures : **Les Pensées d'un Citoyen** et

Coups de fouet, qui ont été considérées comme suite du journal **La Lanterne d'un Citoyen** et de ce fait nous avons été condamnés à 500 fr. d'amende.

Le ministère (ou pour être plus juste l'administration) nous a dénoncé comme n'ayant pas fait le dépôt dans le délai légal, ce qui est encore à prouver puisque ces messieurs — de l'administration — ne délivrent pas de récépissé. Nous avons eu deux autres amendes, l'une de 200 f., l'autre de 50 f. ce qui fait 750 fr. selon l'arithmétique usuelle.

Mais avec les frais de procédure les doubles centimes, nous arrivons à une somme de près de 1,100 fr.

—Et cependant, nous avons paru comme brochures d'une part et comme placard d'une autre, et le dépôt avait été fait régulièrement au ministère et au parquet ; à moins qu'il n'y ait deux façons de se mettre en règle.....

En somme nous avons été condamnés.

Le public sera notre juge en dernier ressort, car nous avons l'intime conviction qu'il y a eu là *erreur* flagrante.

Cela ne nous empêche pas de marcher dans les principes de la saine morale malgré les paroles insidieuses, sinon grossières que les bonaparteux nous ont décochées, et de déclarer ici que **Les Droits du Peuple** est une brochure tout à fait spéciale et indépendante de la publication de la *Lanterne d'un Citoyen* quoique par le même auteur !

Lire avec attention la lettre de défi à M. Paul de Cassagnac, qui paraît en placard.

E. MERVAUD.

LES DROITS

DU

PEUPLE

D. — *Qu'est-ce que la République ?*

R. — La République c'est l'idéal du Gouvernement des Sociétés.

D. — *Comment cela ?*

R. — Parce que tous les hommes étant naturellement égaux au moment de la naissance et également libres, le meilleur gouvernement sera celui qui leur assurera la jouissance de cette double prérogative.

D. — *La République assure donc la jouissance de ces biens naturels ?*

R. — Evidemment, puisque ce sont là ses principes essentiels , avec le principe de la fraternité : fraternité par la communauté d'origine, égalité et liberté par la volonté du créateur.

D. — *Mais ces trois principes découlant de la loi naturelle, la République est donc le gouvernement de droit ?*

R. — C'est clair, et tout autre gouvernement pêche par un vice radical et doit être considéré comme usurpateur. C'est de la confiscation.

D. — *Quel est le meilleur moyen pour ne pas laisser confisquer la République quand on l'a, et pour la ressusciter quand elle a été étranglée ?*

R. — C'est de la bien connaître et d'en comprendre les avantages dans toute leur étendue.

D. — *Ainsi donc, nous avons tous grand in-*

térêt à connaître la République et à bien pénétrer notre esprit de ses doctrines ?

R. — Oui, il y va de notre bonheur.

D.— *Vous avouez que c'est notre intérêt de connaître la République, mais est-ce aussi notre devoir ?*

R. — Sans nul doute. La République en théorie c'est la vérité sociale. Or, la vérité est un principe de vie et de salut.

D. — *Ceci est donc compris par tout le monde ?*

R. — Les esprits cultivés comprennent, les autres n'aperçoivent pas l'étroite parenté qui existe entre les idées et les faits.

D. — *Que disent les gens instruits ?*

R. — Ils disent qu'entre les idées et les faits il n'y a qu'un pas, mais un pas qui sera nécessairement franchi, si les idées sont vraies, que toutes les créations du monde physique, du monde politique, du monde religieux, du monde commercial, etc., etc., ont d'abord été à l'état de fœtus dans une intelligence.

D. — *Ce sont donc les idées qui gouvernent le monde ?*

R. — Oui, tout leur obéit, même ceux qui ne s'en doutent pas.

D. — *Que conclure de là ?*

R.—Que la pensée est la reine du monde, qu'il faut chercher à connaître la vérité totale, absolue, et à pénétrer le mystère de ses enfantements.

D. — *Appliquez ceci à la vie sociale ?*

R. — La vérité sociale, c'est l'ensemble des rapports qui doivent exister dans une réunion d'hommes pour le bonheur commun.

D. — *Comment s'obtiendra le bonheur commun ?*

R. — Par la pratique des lois qui découlent de la nature de l'homme ; lois qui existent quand même elles ne seraient écrites nulle part ; qu'on peut méconnaître, mais qu'on ne saurait effacer tant qu'il y aura des berceaux.

D. — *Que sont ces lois ?*

R. — Elles sont l'application des principes.

D. — *De quels principes ?*

R. — Eh! bien, mais des principes que j'ai énoncés tout à l'heure, c'est-à-dire fraternité par la communauté d'origine, liberté et égalité par la volonté du créateur.

D. — *Démontre-t-on ces principes ?*

R. —Non, les principes ne se démontrent pas, ils *s'exposent.*

D.—*Et pourquoi les principes ne se démontrent-ils pas ?*

R.—Parce que l'on ne démontre pas ce qui est évident par soi-même. Ainsi on ne démontre pas que 1 et 1 font 2, ni que l'apparition du soleil chasse la nuit.

D. — *Je reviens sur une précédente pensée. Les principes sont donc éternels ; car si vous n'avez pas dit le mot, vous avez dit la chose ?*

R. — Oui.

D. — *Mais alors, pourquoi dit-on les princi-*
pes de 1789, *en parlant des principes qui sont*
l'essence même de la République ?

R. — Parce que les principes ont été pro-
clamés en 1789.

C'est la date de leur incarnation dans le
monde, mais non pas celle de leur existence.
Ils accompagnent l'humanité dans sa longue
route, à travers les siècles et dans tous les
lieux, non pas seulement attachés à son flanc,
mais tellement imprégnés dans sa nature que
les trois idées : fraternité, égalité, liberté, sont
inséparables de celle d'humanité.

D. — *Pourquoi ce patrimoine a-t-il été si*
longtemps comme un jardin fermé et pourquoi
la mise en pratique de ces simples idées a-t-
elle été comme une création nouvelle, le Nou-
veau-Monde des régimes politiques ?

R. — Il faudrait pour vous répondre faire
l'histoire du monde, mais je puis en deux
mots vous dénoncer les deux grands coupables : les passions, et, parmi celles-ci, en pre-
mière ligne, l'orgueil et l'ignorance.

D. — *N'accuse-t-on pas les républicains de*
faire remonter les principes à 89 *seulement ?*

R. — Oui, mais ils n'ont jamais rien dit

de pareil. Ils connaissent aussi bien la nature d'un principe que leurs adversaires et savent faire la différence entre un principe et sa déclaration. Les hommes de 89 n'ont pas créé de principes, ils n'ont pas eu cette absurde prétention, ils ont dit : Déclaration des droits de l'homme.

D. — Vous nous ouvrez des horizons inconnus du vulgaire. Alors s'est une grande chose que votre République, une grande idée.

R. — Oui, grande, non-seulement parce qu'elle est noble mais encore parce qu'elle est de sa nature universelle. La République c'est la voix de la nature, c'est le cri du peuple et la parole de Dieu ; c'est la voix de la nature, puisqu'elle sort naturellement des flancs de l'humanité comme une fleur de sa tige ; c'est le cri du peuple et la manifestation des conseils divins d'après un de ces proverbes fameux qu'on appelle à juste titre la sagesse des nations :

Vox populi, vox Dei, la voix du peuple, c'est la voix de Dieu.

Mais malheureusement il en est d'un peuple comme d'un instrument de musique qu'on peut, au moyen de ruses habiles ou par la force brutale, fausser ou rendre muet. Réparez l'instrument il rendra un son harmonieux. Laissez parler la nature humaine dans la plénitude de ses lumières naturelles et de son libre arbitre elle nous donnera aussi sa note musicale, pleine d'harmonies : elle acclamera la République,

D.—Dites-moi, m'est avis que nous formons, nous autres citoyens de ta vieille et de la jeune France un instrument trop longtemps muet et, du temps en temps passablement faussé ?

R. — Je suis bien forcé de l'avouer. Nous avons eu affaire à de bien mauvais musiciens qui s'appellent bonapartistes, orléanistes, légitimistes. Les premiers ont voulu et voudraient encore fausser l'instrument tout à fait ; les seconds ne faire vibrer que les grosses notes, les notes ventrues, si vous me permettez l'expression ; les troisièmes garder l'instrument dans leur maison et le condamner à un éternel mutisme. Vous me comprenez, je pense.

D. — Oui, vous voulez dire que le bonapartisme est un gouvernement de gueux; l'orléanisme le gouvernement des maçons enrichis à l'exclusion de leurs ouvriers, et la légitimité la confiscation de la volonté nationale. Je vous demanderai maintenant si ces hommes avaient le droit de consulter ou de condamner au silence la volonté nationale ?

R. — Ils n'en avaient nul droit et ils ne peuvent donner une base solide à aucune de leurs prétentions.

D. — *Tous ces geus-là ne saississent donc pas du regard de l'intelligence dont ils sont doués comme les autres la beauté du gouvernement républicain ?*

R. — Les uns, dignes émules de ces rois francs qui se glorifiaient de ne pas savoir signer leur nom, se croiraient coupables s'ils consacraient à l'étude des doctrines républicaines un instant de leurs loisirs : Ce sont d'ignorants blasphémateurs, d'autres savent, mais ont intérêt à repousser la lumière : c'est la pieuvre orléaniste; les autres se perdent dans les nues et soutiennent de leurs mains avec une obstination un trône sans base : Ce sont de vaillants don Quichotte politiques condamnés à se briser contre le roc populaire.

D. — *Les bonapartistes ont-ils une doctrine ?*

R.—Ils affublent de ce nom leur fameuse idée du plébiscite, mais on sait à quoi s'en tenir là-dessus. C'est entre leurs mains le prétexte d'une pression de la force, c'est le fait d'un homme qui vous tient sur un précipice et qui vous crie : Dis-moi que je suis ton salut. On le dit, mais on n'échappe pas à la culbute. Défiez-vous en.

D. — *Les orléanistes ont-ils une doctrine ?*

R. — Oui, celle d'Epicure ; on ne leur en connaît pas d'autre.

D. — *Les légitimistes ont-ils une doctrine ?*

R. — Oui. La doctrine du droit divin.

D. — *En quoi cela consiste-t-il ?*

R. — Cela consiste à dire ou plutôt à croire que la famille des Bourbons en général et la branche aînée en particulier, a, par la volonté très-expresse de Dieu, un droit réel et inaliénable au trône de France.

D. — *Prouvent-ils cette affirmation ?*

R. — Non.

D. — *Peuvent-ils la prouver ?*

R. — Ils seraient bien embarrassés. Ils

ont trop de bon sens et savent qu'il en existe trop dans le peuple pour renouveler la fable de Lycurgue et celle de Numa, les deux Moïses païens de l'antiquité qui prétendirent recevoir leurs codes d'une bonne amie de l'Olympe. Les légitimistes n'ont pas de nymphe Egérie.

D. — *Comment alors établissent - ils leur droit prétendu ?*

R. — Ils disent que la famille des Bourbons a occupé pendant 1,500 ans le trône de France, qu'il y a là une prescription contre laquelle 80 ans de révolutions successives ne sauraient prévaloir et que la voix de Dieu, dont Henri Cinq est le protégé, se manifeste suffisamment par les événements.

D.— *Ce raisonnement a-t-il quelque valeur ?*

R. — Tous les gouvernements peuvent plus ou moins s'en prévaloir. Le coup de de force peut y trouver lui-même son excuse sous le titre d'homme providentiel et enfin en politique il n'y a pas de prescription connue ou possible.

D. — *Le gouvernement républicain repose-t-il sur un fondement plus solide ?*

R. — Oui, puisqu'il est, je l'ai dit, préféré

du peuple dans la libre manifestation de sa volonté, réclamé par la nature humaine et voulu de Dieu, auteur de la nature.

D. — *Au point de vue théorique devons-nous craindre nos adversaires ?*

R. — Non, notre doctrine a une base, la leur se promène dans le vide.

D. — *Et au point de vue pratique?*

R. — Nous devons toujours rechercher l'idéal, devrions-nous desespérer de l'atteindre jamais.

D. — *Et au point de vue historique?*

R. — Ah ! c'est là, j'en conviens, le grand cheval de bataille de nos ennemis. Mais la réponse est facile ; faut-il détruire une machine parce qu'elle a causé des accidents en des mains inexpérimentées. Dites-moi, faut-il monter à l'assaut du soleil parce qu'une année il a brûlé le blé ou les raisins en fleurs. Faut-il mettre sur le compte de la doctrine ce qui est le fait des passions ? Certes, nos pères dans la fièvre qui les échauffait pour réformer tant et tant d'abus ont commis des exiès. Les hommes en sont responsables, mais la doctrine est restée virginale. Nous n'acceptons donc ni pour le présent ni pour l'avenir ce raisonnement : les mêmes causes produiront toujours les mêmes effets. Qu'on nous montre les causes de crimes dans nos doctrines, nous les nions formellement et mettons les autres au défi de nous les montrer.

D. — Ainsi la doctrine républicaine défie la critique ?

R. — Oui, on dit qu'il n'y a rien d'absolu en politique, cela est vrai pour la pratique. Il faut parfois se plier à d'inéluctables nécessités. Mais on comprend qu'en théorie la vérité, quelle qu'elle soit, ne saurait souffrir un amoindrissement sans cesser d'être elle-même, et la vérité sociale, absolue, intolérante de sa nature, c'est la doctrine républicaine.

D.—Défiant la critique savante, devons-nous craindre les sarcasmes ?

R. — Peuh! les sarcasmes. Depuis quand les railleries tiennent-elles lieu de preuves et les mauvaises plaisanteries passent-elles pour de bonnes raisons. Cette méthode par

trop facile fait cependant fortune en France.
Jetez le ridicule sur la vérité, sur l'institu-
tion, sur l'homme le plus respectable vous
leur porterez les coups les plus terribles. Ce
qui tient devant le raisonnement parmi nous
est emporté par une plaisanterie. Mais soyons
persuadés que la doctrine républicaine peut
essuyer sans péricliter pour cela toutes les
charges de nos ennemis. Il ne manque pas
dans nos rangs de grands esprits qui sauront
la venger d'injustes attaques et montrer
qu'elle n'a rien de commun avec les préjugés
populaires.

D. — *Mais ne dit-on pas que la république
est mère de tous les excès, qu'elle naît dans
l'imbécilité pour finir dans le sang ? Voilà qui
est sérieux.*

R. — Loin d'ouvrir la porte à tous les
excès la république au contraire combat
toutes les passions. En voulez-vous la preuve
en quelque mots ? Vous connaissez cette
hydre à sept têtes qu'on appelle les péchés
capitaux, cette racine d'orgueil sur laquelle
poussent tous les vices, cette oisiveté doc-
toresse ès-malices. Nos trois principes com-
battent tout cela. Quel moyen de concilier la
fraternité avec l'*orgueil* qui divise, avec
l'*envie* qui tue, avec la *gourmandise* qui

prive les enfants et la mère, avec l'*avarice* qui est l'homicide par soustraction de nourriture, avec la *colère* qui mutile, avec la *paresse* qui veut recevoir et ne rien donner, avec la *débauche* qui déshonore ? Comment concilier l'égalité avec *orgueil* avide de domination, avec l'*avarice* mère d'injustice, etc., etc. De même pour la liberté qui ne peut étendre son règne pacifique que sur le cadavre de tous les vices. En un mot nous crions à tous les vents cette parole d'un apôtre, disciple lui-même du Christ : « aimez-vous, cela suffit ».

D. — *Le fils de la Révolution ne doit donc pas viser à ses seuls intérêts et se parquer dans son égoïsme ?*

R. — Tous cela est diamétralement opposé à nos principes.

D. — *Le désintéressement et, au besoin, l'esprit de sacrifice, d'abnégation, en un mot la sévérité pour soi et la bonté pour les autres sont donc pour un républicain des vertus nécessaires ?*

R. — Oui, indispensables.

D. — *Supposons les hommes sans passions,*

la République serait-elle difficile à maintenir ou à établir ?

R. — Sans les passions, la République, gouvernement de droit toujours, n'aurait jamais cessé d'être un gouvernement de fait, cela se comprend, et il n'y aurait nulle place pour un autre système politique. Le monde offrirait le spectacle le plus magnifique qu'il soit donné à l'homme de rêver et à Dieu même de contempler : l'humanité tout entière puisant la vie au même principe d'amour, buvant à longs traits le bonheur à cette coupe intarissable, l'universalité se confondant dans une parfaite unité!

D. — *Faut-il se rapprocher autant que possible de cette beauté idéale ?*

R. — Puisque nous devons toujours rechercher le plus parfait dans tous les genres.

D. — *Les antirépublicains devraient-ils unir leurs efforts aux nôtres dans cette œuvre magnifique entreprise par l'homme-dieu qui en désirait la consommation? Quand il disait en parlant de ses frères : qu'ils soient un!*

R. — Oui, ils le devraient, mais ils n'ont

jamais su lui donner une heure d'attention sérieuse et dans le fort des tempêtes politiques, ils n'ont guère d'autre boussole que leur intérêt ou leur plaisir, ou les deux réunis.

D. — *Peut-on dire qu'ils connaissent bien la République ?*

R. — Non, car ils seraient inexcusables s'ils la connaissaient bien cette République si belle et si digne de Dieu, si proportionnée aux besoins de l'humanité et si nécessaire à sa vie! ils ne connaissent pas ce plan admirable qui lie toutes les parties pour en former un faisceau compacte, cette harmonie, cet accord parfait que nulle voix discordante ne devrait troubler jamais.

D. — *Cette ignorance involontaire ou coupable cause-t-elle un grand préjudice à la doctrine républicaine?*

R. — Oui, et en même temps à l'humanité. L'ignorance qui n'a pas d'yeux et les passions qui ont les yeux fermés, ont été et sont encore le principal obstacle à l'affermissement de la République.

D. — *Qu'est-il résulté de cet antagonisme?*

R. — La guerre. Comme la lumière est la

mortelle ennemie des ténèbres. Comme le soleil chasse la nuit, ainsi la République fait la guerre à l'ignorance et aux passions. Il y a entre elles incompatibilité absolue. De là ce choc gigantesque de la fin du siècle dernier, qui domine les temps modernes, qui a ébranlé le monde et dont les effets s'étendent toujours. Et quand l'ignorance reparaît, quand les passions s'agitent dans l'ombre, quand le despostisme s'impose sous le nom de royauté ou d'empire, nous proclamons nos principes et le nuage sombre disparaît, et le soleil jette son naturel éclat.

D. — *Cela arrive-t-il souvent?*

R. — Vous connaissez comme moi ces grands jets de lumière de 1789, 1848 et 1870.

D. — *Pour employer une autre figure, qui fut l'auteur de ces mouvements populaires?*

R. — La nation elle-même, blessée dans ses instincts de conservation, fatiguée du spectacle de la débauche et de l'arbitraire, et résolue à jouir désormais de ses droits primordiaux.

D. — *Qu'est-ce que la nation?*

R.—La nation, ou le peuple, c'est l'immense majorité des citoyens, c'est surtout ce tiers état qui manifesta si fièrement sa volonté puissante par la voix de Mirabeau : «Allez dire à votre maître (à Louis XVI) que nous sommes ici par la volonté du peuple et que nous n'en sortirons que par la force des baïonnettes. »

D. — *C'est donc une grande force que la volonté nationale ?*

R. — Une force à laquelle rien ne peut résister et qui a le droit de s'imposer à tous, toujours et partout. Sa plus grande manifestation, c'est le suffrage universel qui découle rigoureusement des principes républicains.

D. — *Mais le peuple peut-il user de tous les moyens possibles pour renverser un gouvernement établi et lancé dans une mauvaise voie ?*

R. — La question n'est pas de celles auxquelles on répond en deux mots. Mais voici : Nous avons d'abord la légalité. Il faut en user sans relâche. Ensuite, il ne faut pas perdre de vue cette remarque d'une importance souveraine. C'est que les gouvernements antipopulaires vont droit au suicide.

Les événements dans ce cas sont plus forts que les hommes, et les gouvernements qui sèment le malheur et la discorde peuvent être assurés qu'ils récolteront la tempête et la ruine.

D. — Mais n'est-il pas question de placer à la remise encore un coup la république , notre gouvernement naturel, et de lui substituer les vieux clichés monarchistes.

R. — Oui des ennemis audacieux viennent de faire cette folle tentative?

D. — Pourront-ils consommer leur œuvre de destruction ?

R. — Tout fait prévoir le contraire : les dernières élections où la cause de la république a remporté un si beau triomphe, le bon sens actuel des populations, leur patriotisme et le patronage de nos 363 députés républicains, hommes de talent pour la plupart, de tête et de cœur tous.

D. — Les raisons de voter pour la république et par conséquent pour les républicains sont donc bien nombreuses ?

R. — Oui. Il y en a qui sont toujours décisives, ainsi l'intérêt, les exigences de la raison, je vous ai montré cela tout à l'heure à propos de la question de principes. Mais aujourd'hui particulièrement à ces motifs, il faut en joindre un autre : le patriotisme.

D. — *Pourquoi ?*

R. — Vous comprenez combien la guerre nous serait fatale. La France y sombrerait et perdrait peut-être jusqu'à son nom. Or, l'Empire ou la Royauté, c'est la guerre. L'Empire, c'est la revanche de Sedan ; la Royauté, c'est la guerre avec l'Italie et peut-être de redoutables complications. Si vous voulez vivre en paix, réparer le passé et préserver l'avenir, votez pour la République, car la République, c'est le chien de garde.

D. — *Alors, il faudra voter pour les députés républicains sortants ?*

R. — Sans hésiter.

D. — *Mais les autres ne se disent pas ennemis de nos institutions ?*

R. — Vous savez qui ils hantent et par conséquent qui ils sont. Je ne veux pas faire l'histoire de la dissolution que vous connaissez, mais son caractère n'est rien moins que républicain. Les dissolutionnistes ne peuvent avouer tout haut leurs projets sans s'avouer coupables de haute trahison. Ils s'en gardent bien, mais on peut les juger à leurs fruits. Tout ce qui porte un caractère républicain : hommes, journaux, cercles, brochures, discours, n'est-il pas maltraité, traqué, par ces soi-disant amis ? Jugez-les par là. Je veux bien encore qu'ils n'égorgent pas la République le lendemain de leur triomphe et qu'ils tiennent à garder un simulacre d'honneur. Que feront-ils ? Ils étioleront notre chère République, l'enveloppant avez un zèle jaloux de liens de toute sorte et, quand ils la verront expirante sous leurs tyranniques étreintes, ils s'écrieront : Vous voyez bien qu'elle ne pouvait pas vivre.

D. — *Qu'arrivera-t-il ensuite ?*

R. — Il se déchireront et jetteront le pays dans la crise la plus douloureuse peut-être qu'aura à enregistrer notre histoire nationale. La guerre au dedans et au dehors, la ruine certaine, voilà ce qu'ils préparent sérieusement ou non, et ce qu'ils feront, si vous leur donnez carte blanche.

D. — *Mais si je vote pour les républicains ,
n'ai-je pas à redouter les coups d'État, le ra-
dicalisme, la République rouge, la Commune,
que sais-je ?*

R. — Autant de vaines menaces et de fan-
tômes plus vains dans le but de vous ef-
frayer. Ils veulent arracher à la peur un vote
que votre raison, votre patriotisme, votre bon
sens leur refusera.

D. — *Il y aurait donc à la fin, sottise, ingra-
titude et lâcheté à ne pas renommer nos députés.*

R. — Oui, il y aurait à la fois sottise, in-
gratitude et lâcheté à ne pas les renommer.

D. — *Il faut donc sans hésiter voter pour les
363.*

R. — Oui, il faut sans hésiter voter pour
les 363.

Ah ça, il n'y a donc plus de loi!... plus de code... plus de justice...

Voyons, sommes-nous en République, oui ou non!

Le *Petit Caporal* dit cette phrase dans son numéro du 2 septembre au sujet de la défense héroïque des Turcs :

Voilà pourtant comment se seraient battus, à l'armée de la Loire et à l'armée de l'Est, les soldats de ces armées, si tous ces hommes, d'une bravoure incontestable, n'avaient pas été démoralisés par la plus abjecte des révolutions, une révolution faite devant l'ennemi par *les infâmes gredins* du 4 septembre, au profit de la Prusse et au détriment de notre pays.

Ce qui fait passer les héros de Coulomniers et d'Orléans... tout simplement pour de lâches fuyards.

Les hommes du 4 septembre... les fondateurs de la République, qui nous gouverne aujourd'hui, sont appelés *infâmes gredins...* tandis que les Républicains sont traqués, poursuivis, villipendés, pour le moindre mot, même pour la moindre pensée? à l'égard des bonapartistes. Eh bien... moi... je maintiens et je déclare que, tant que notre justice républicaine ne réprimera pas de pareils faits, nulle barrière ne pourra être dressée devant ma pensée, et que c'est bien haut que je m'arrogerai également le droit d'appeler les bonapartistes : *infâmes bandits.*

Paris. Imp. MERVAUD, 19, passage de l'Opera.